CHAUMETTE

ET

LA COMMUNE DE 93

CONTRIBUTION A L'HISTOIRE DE L'HÉBERTISME.

CHAUMETTE

ET

LA COMMUNE DE 93

CONTRIBUTION A L'HISTOIRE DE L'HÉBERTISME

PAR

A. REGNARD

PARIS

LIBRAIRIE DE « LA REVUE SOCIALISTE »

8, RUE DES MARTYRS, 8

An 98. — 1889

CHAUMETTE

ET

LA COMMUNE DE 93

CONTRIBUTION A L'HISTOIRE DE L'HÉBERTISME (1)

« Les historiens de la Révolution, s'il en est qui méritent ce nom, dit Rœderer, ont attribué tous ses mouvements aux impulsions de la tribune nationale : c'est une étrange bévue. Il s'était élevé en France une multitude d'hommes d'une éloquence forte et barbare, tels que notre fabuliste nous représente le *paysan du Danube*, qui avaient bien mieux découvert que les orateurs des assemblées nationales, les voies de la persuasion et de l'entrainement, qui entraient bien plus avant dans les passions, dans les pensées, dans les préjugés, dans les intérêts imaginaires ou réels des dernières classes du peuple, qui sont les plus nombreuses. » Chaumette fut un de ces hommes. Rœderer, dans les lignes précédentes, signale une vérité que la plupart des historiens se sont appliqués à travestir, quand ils ne l'ont pas grossièrement méconnue. Carlyle qui, mieux que bien d'autres, a senti la grandeur et la force de l'action populaire, Carlyle se laisse aller à dire, en parlant du supplice des Hébertistes : « Alors, la Révolution dévore véritablement ses propres enfants. Toute anarchie, par sa nature, est non seulement destructive, mais se détruit elle-même (*self destructive*). »

C'est une erreur. Non, en 92 et 93, il n'y avait pas, comme on l'a dit, l'anarchie, mais une volonté générale, terrible, de faire triompher la cause de la Révolution, et une organisation toute-puissante au service de cette volonté. Vingt-six mille clubs, répandus par toute la France et soutenus par un million de gardes nationaux et, au-dessus, reliant et vivifiant le tout, la Commune de

---

(1) Cette étude a paru pour la première fois en anglais, traduite par la plume élégante de M. Frédéric Harrisson, dans la *Fortnightly Review* de janvier 1872. Que l'éminent écrivain et penseur soit ici publiquement remercié, ainsi que ses amis positivistes et tant d'Anglais généreux, qui accueillirent, avec une si extrême bienveillance et une fraternité si efficace les proscrits de 1871.

Sauf les corrections de détail, j'ai reproduit ce travail tel qu'il fut publié alors. Les quelques additions ont été faites sous forme de notes.

Paris avec les assemblées de section, constituaient une force révolutionnaire telle que les annales du monde n'en montrent pas d'autre exemple. D'abord nomade et extra légale, cette force s'installe officiellement au 10 août à l'Hôtel-de-Ville, et, pendant près de deux ans, elle entraîne dans son mouvement vertigineux la France et la Convention. Elle a ses chefs, d'abord Desmoulins au Palais-Royal en 89, Danton aux Cordeliers, plus tard Hébert, Chaumette, Clootz, en qui s'incarne définitivement l'idée nouvelle. Ceux-ci, quoi qu'on puisse dire, donnent à la Révolution ce qui lui manquait : un *Credo*. Ils formulent sa foi, l'Athéisme, négation qui renferme cette affirmation : l'Humanité! Ils la rattachent à ses traditions naturelles, à Diderot, à d'Holbach, à Voltaire, ce déiste étrange qui ne croit pas à l'immortalité de l'âme; ils la rattachent à l'Encyclopédie, à Condorcet, bientôt contraint, hélas! de s'enfuir et de s'empoisonner. Lui aussi eût été guillotiné, d'ailleurs, non comme girondin, mais comme athée. Non! la Révolution n'a pas dévoré ses propres enfants, et Saturne n'a rien à voir ici. Elle périt tout entière sous le couteau triangulaire de l'Être suprème; nouveau triomphe du vieux monde, personnifié dans l'élève de Rousseau, dans Robespierre.

Ces idées sont malheureusement trop peu répandues et il y a un intérêt pressant à remonter les sentiers de la grande république, à fouiller les annales si riches, et si peu explorées, de la première Commune de Paris. La partialité ou l'ignorance voulue des historiens de la Révolution ont laissé dans l'ombre cette grande assemblée, dont les actes les plus importants ont, de plus, été travestis de la plus odieuse façon. Je ne parle pas de Thiers et de son incomplète compilation; mais Louis Blanc lui-même, entiché de l'idée de Dieu, du protestantisme et de Robespierre, a présenté sous le jour le plus faux, la conduite d'Hébert et de Chaumette. Michelet a mieux senti les tressaillements de la fibre populaire; mais c'est le regretté Gustave Tridon qui, dans son admirable brochure des *Hébertistes* (1), a fait le premier jaillir ici la lumière avec la vérité.

I

Pierre-Gaspard Chaumette, procureur de la Commune, naquit à Nevers, le 24 mai 1763. Son père était cordonnier.

J'observe ici l'erreur où sont tombés plusieurs écrivains en pré-

---

(1) *Les Hébertistes, plainte contre une calomnie de l'histoire,* par G. Tridon. Prix 60 centimes, chez l'auteur, rue des Mathurins Saint-Jacques, 11. Paris, 1864, in-8° 48 pages.

A lire aussi, du même auteur et dans le même ordre d'idées, la magistrale étude intitulée : *La Force.* Paris, 1889. Librairie de la « Revue socialiste ».

tendant que la Révolution a été seulement la révolte et le triomphe de la Bourgeoisie, le Peuple n'y étant pour rien. Les choses ne sont pas aussi simples ; d'abord, la classe capitaliste et oisive, ignorante et dévote qui constitue aujourd'hui la bourgeoisie française, n'existait pas encore et, d'un autre côté, le peuple proprement dit prit une part prédominante à l'action et décida de la victoire, hélas ! éphémère. Outre que c'est lui qui s'ébranlait en masse à la voix des Danton, des Marat, des Desmoulins, plusieurs de ses chefs sortaient de son sein ; de nombreux artisans figurèrent au premier rang dans ces assemblées de district ou de section qui jouèrent si souvent un rôle décisif (1).

Fils de prolétaire, Chaumette était à même de ressentir vivement les douleurs et les misères des hommes de sa classe. D'autre part, son père ayant rêvé d'en faire un ecclésiastique, se soumit aux sacrifices nécessaires pour le munir d'une instruction suffisante. Peut-être même, l'enfant étant intelligent, les prêtres de l'endroit se chargèrent-ils de lui à peu de frais, comme cela se pratique encore actuellement. Un père de famille pauvre, un ouvrier ou un paysan se laisse arracher son enfant par le directeur d'un *séminaire*, qui le nourrit, l'instruit aux frais de la congrégation et le garde en échange, pour en faire un fonctionnaire ou, s'il y a lieu, un dignitaire de l'Eglise. C'est un marché comme on en voit tant.

Ce compromis ne fut pas du goût du jeune Chaumette. Le moment fatal arrivé, il manifesta nettement son invincible répulsion pour l'état auquel la prévoyance paternelle l'avait destiné. De là une brouille ; abandonné à ses propres ressources, il s'embarqua. C'est lui-même qui nous met au courant de ses premières tribulations.

« Mon premier état, dit-il (2), fut celui de mousse ou novice matelot. Il est vrai que c'est la persécution des prêtres et des moines sous lesquels je faisais mes études (hélas ! et quels sont encore les instituteurs de la jeunesse ?) qui m'a forcé à ce parti qui m'éloigna longtemps des foyers paternels : je parvins à être timonier. A mon retour, en 1784, j'étudiai la botanique à Moulins, où j'ai conservé des amis qui me sont chers. L'année suivante, j'allai à Marseille dans l'intention de m'embarquer pour l'Egypte, et toujours guidé

____

(1) Sur les 82 commissaires des sections qui siégèrent à l'Hôtel-de-Ville le 10 août avant 9 heures, je relève les noms de 20 prolétaires, de citoyens assurément non bourgeois, vivant de leur travail au jour le jour, tels que : pour la section Notre-Dame : Fauchet, menuisier. — Théâtre-Français : Simon, cordonnier. — Arcis : Jérôme, tourneur. — Croix-Rouge : Delabarre, serrurier. — Quinze-Vingts : Rossignol, bijoutier. — Observatoire : Defraisne, graveur. — Montreuil : Chauvin, chapelier et Turlot, horloger, etc. (Cf. Mortimer-Ternaux, *Histoire de la Terreur*, tome II, p. 443).

(2) Chaumette, procureur de la Commune, à ses concitoyens. (*Moniteur*, 25 mai 1793.)

par ma fureur d'étudier la nature et les monuments de l'antiquité.

« Je ne pus m'embarquer et je revins dans mon lieu natal, toujours occupé de plantes et de livres. J'y ai passé tout le temps qui précéda la Révolution, ne m'en éloignant que pour différents voyages de Moulins à Paris, de Paris sur les bords de l'Océan, rêvant au bonheur, soupirant après la liberté. »

Ce fut donc la Révolution qui le fixa définitivement à Paris, loin qu'elle l'y ait trouvé déjà installé, comme le veulent certains biographes. Animé de cette louable ambition qui caractérise l'homme de cœur et d'intelligence, Chaumette se lança à corps perdu dans le mouvement.

En 1790, à la mort de Loustalot, il entra comme rédacteur aux *Révolutions de Paris* et se mit à fréquenter assidûment sa section.

Qu'était-ce que les sections? Comment s'était constituée la Commune de Paris? Voilà ce qu'il importe d'établir clairement pour la complète intelligence de la révolution du 10 août, qui porta du même coup Danton au ministère et Chaumette à la tête de la municipalité.

Il n'est pas possible de discuter ici longuement sur l'origine du mot *commune*; qu'il s'agisse des communes de France au moyen âge ou des communes d'Angleterre, le terme exprime, d'une façon générale, la même idée : celle d'un corps de citoyens gérant leurs propres intérêts, le plus souvent, en face d'une autorité (roi, seigneur) tenue en échec, malgré qu'elle en eût. On n'a pas assez remarqué que, lors de la réunion des États-Généraux de 1789, le Tiers-État tint ses premières assises sous le titre d'Assemblée des Communes (*House of commons*) (1).

Paris, fief royal immédiat, n'avait jamais eu de commune, à proprement parler. Plusieurs fois, pourtant, dans les moments critiques, la Ville avait pris en main la direction des affaires; les Parisiens du temps d'Etienne Marcel, ceux de la Ligue et de la Fronde, sont, par certains côtés, les prédécesseurs des vainqueurs de la Bastille. Mais ces grandeurs, éphémères du reste, n'existaient même plus à l'état de souvenir. Au début de la Révolution le prévôt

---

(1) Il n'est pas douteux que les communes du moyen âge n'aient eu pour la plupart, leur source dans le municipe des derniers temps de la domination romaine. « Dans le midi de la Gaule où les anciennes villes romaines subsistaient en plus grand nombre, dit Augustin Thierry, et où, plus éloignées du foyer des invasions, elles avaient mieux conservé leur population et leurs richesses, les tentatives d'affranchissement furent sinon plus énergiques, du moins plus complètement heureuses. C'est là seulement que les cités affranchies atteignirent à la plénitude de cette existence républicaine qui était, en quelque sorte, l'idéal où aspiraient toutes les communes. » (*Lettres sur l'histoire de France.* Lettre XIII.)

des marchands n'était plus qu'un fonctionnaire comme un autre, entièrement sous la dépendance du roi.

Le mardi 21 avril 1789 — date à jamais mémorable, — les citoyens composant le Tiers-État de la Ville de Paris, s'assemblèrent pour désigner ceux d'entre eux qui, sous le nom d'électeurs, devaient nommer directement les députés aux États-Généraux. C'était l'élection à deux degrés. La ville avait été divisée, pour cet objet, en soixante quartiers ou districts. Pour faire partie de l'assemblée de son quartier, il suffisait de justifier d'un titre d'office, de grades dans une faculté, d'une commission ou emploi, de lettres de maîtrises ou enfin de sa quittance de *capitatio* montant au moins à la somme de six livres en principal (1); conditions assez larges pour l'époque et qui permirent à vingt-cinq mille individus de prendre part aux élections du Tiers : on les appela dès lors *citoyens actifs*, par opposition aux *citoyens passifs*, privés du droit de suffrage. Les électeurs, au nombre de trois cents environ, désignés par les assemblées primaires, se réunirent à l'archevêché, et, les opérations électorales terminées, ils décidèrent que, dans le but de surveiller leurs députés, ils continueraient à siéger.

C'est dans une de ces réunions que l'abbé Fauchet leur proposa de se constituer comme élus du peuple, sous le titre de *représentants provisoires de la Commune de Paris* (2). Déjà dans la réunion électorale du clergé, Fauchet avait soutenu la justice et la nécessité de cette organisation des habitants en commune, tait que les historiens de la Révolution passent généralement sous silence. Quoi qu'il en soit, dans la nuit du 12 au 13 juillet 1789, les électeurs enhardis par l'attitude de la population parisienne s'installent définitivement à l'Hôtel-de-Ville. Le lundi 13, ils s'adjoignent le prévôt des marchands, de Flesselles, les échevins, quelques conseillers et ainsi se trouve organisée la première municipalité. Le 30 juillet 1789, ses membres en partie renouvelés ou consacrés de nouveau par le suffrage des assemblées primaires, se déclarent officiellement les représentants de la Commune de Paris.

Mais l'esprit de réaction ne tarda pas à s'emparer de cette première Commune, assez bien caractérisée par son maire Bailly, et par son commandant des gardes nationales, Lafayette. Effrayée des journées des 5 et 6 octobre, elle crée dans son sein un *comité de surveillance*, destiné à rechercher et à punir les instigateurs de manœuvres, les provocateurs à la violence; les révolutionnaires n'ont qu'à bien se tenir! Ce n'est rien encore. Le 21 octobre 1789, elle demande à l'Assemblée et obtient immédiatement, un décret

---

(1) Lettres du roi du 12 août 1789, art. XIII.
(2) Chamfort, tableaux historiques de la Révolution.

instituant la « loi martiale »; dans le cas de rassemblement illégal, le représentant de l'autorité après avoir déployé le drapeau rouge et après trois sommations, aura le droit de faire tirer sur le peuple.

Quatre mois à peine écoulés, une première application de cette loi de sang avait lieu à Nancy, où les soldats de Bouillé massacrèrent sans pitié les Suisses un moment révoltés. M. Thiers mentionne cette tuerie tout simplement comme une victoire dont se réjouirent la cour et l'Assemblée! Est-ce ignorance ou parti pris? Sûrement l'historien bourgeois ne s'est pas rendu compte de l'état des esprits; il n'a consulté que les documents officiels. Sans doute il n'a pas lu les pages émues de Desmoulins dans les Révolutions de France et de Brabant, il a ignoré la mort de Loustalot, le rédacteur des Révolutions de Paris, succombant en partie à la douleur que lui causa cette boucherie, il n'a pas connu les terribles paroles de Legendre, s'écriant sur la tombe du jeune journaliste : « Malheureux ami de la Constitution! va dans l'autre monde, puisque telle est ta destinée. C'est la douleur du massacre de tant de nos frères à Nancy qui a causé ta mort; va leur dire qu'au seul nom de Bouillé, le patriotisme frémit, dis-leur que chez un peuple libre rien ne reste impuni, dis-leur que tôt ou tard ils seront vengés. » Hélas! ce n'était là qu'un prélude au massacre du Champ-de-Mars.

II

Cependant, l'Assemblée Constituante avait régularisé la situation de la Commune en même temps que la division de la France. Quatre-vingt-trois départements étaient substitués à l'ancienne organisation en provinces. L'expression de « Commune », longtemps indécise, avait été enfin fixée, prenant le sens qu'elle conserve aujourd'hui. Le département se divisait en districts, ceux-ci en cantons : les cantons étaient formés par l'agglomération des *communes*, ayant à leur tête un maire et un conseil municipal. On avait longtemps discuté pour savoir si l'on ferait de Paris un département : dans un but de symétrie et d'uniformité mal entendues, on décida de lui adjoindre quelques bourgades environnantes, pour en constituer ce qui fut appelé alors le *département de Paris*, devenu depuis celui de la Seine. Il dut donc avoir, comme les autres, son *directoire de département*, rouage inutile, véritable superfétation qui bientôt, sous la pression de l'opinion, se transforma en un conseil d'administration financière. Mais Paris, à titre de commune, eut aussi son conseil général ou municipal dont la loi du 21 mai 1790 fixait la composition. D'après ce décret, la Commune de Paris était divisée en quarante-huit sections, remplaçant les soixante districts : un maire,

seize administrateurs, trente-deux membres formaient la municipalité parisienne qui, jointe à quatre-vingt-seize notables, élus
également par les sections, constituaient le conseil général de la
Commune de Paris.

La suppression des districts fut un crève-cœur pour les patriotes.
« O mes très chers Cordeliers, s'écrie Camille Desmoulins, adieu
donc à notre sonnette, à notre fauteuil et à notre tribune retentis-
sante et pleine d'orateurs illustres. A ta place, il n'y aura plus
qu'une grande urne, une cruche où les citoyens actifs, qui ne se
sont jamais vus, viendront déposer leur scrutin et distribuer des
écharpes aux trois couleurs à l'intrigant le plus adroit. Périsse,
disent les aristocrates, jusqu'au nom de district, nom formidable
qui rappellerait aux Parisiens leur gloire, la prise de la Bastille et
l'expédition de Versailles! nous les appellerons des sections (1). »
Va, Desmoulins, console-toi! ces jeunes sections auront bientôt fait
de s'acquérir une gloire nouvelle et plus éclatante encore, jusqu'à
ce que le couteau de Germinal, aiguisé par toi-même, vienne
éteindre, pour un demi-siècle, la grande voix du peuple parisien.

Dans cette ville, toujours si grande par ses souvenirs, il est
un quartier intelligent entre les autres, source de tout ce qu'il y
eut de généreux et d'emporté dans la Révolution. C'est le quartier
de la jeunesse : on l'appelle le *Pays Latin*. C'est là qu'autrefois, au
pied de la montagne Sainte-Geneviève, les écoliers se pressaient,
attachés aux lèvres des Abailard et des Guillaume de Champeaux.
Là s'élèvent l'antique Sorbonne et, tout près, l'amphithéâtre abandonné de l'ancienne Faculté de médecine, à côté de cette rue du
Fouarre où les étudiants, étendus sur des bottes de paille, discu-
taient à l'envi sur les textes du Philosophe et les commentaires de
Thomas d'Aquin; ce qui faisait maugréer l'irritable Pétrarque,
ennuyé, dit-il, de cette vie disputeuse et de cette rue pleine de rixes
et d'éclats de voix « contentiosa Parisios et tragosus Straminum
vicus » (2). Non loin de là, sur le versant occidental de la montagne,
se voyait aussi le vaste couvent des cordeliers, de l'ordre des fran-
ciscains, occupant l'espace où s'élèvent aujourd'hui l'hôpital des
cliniques et les pavillons de dissection de l'École de médecine.

C'est là que se tint en 1789, l'assemblée primaire électorale du
quartier, connu alors sous le nom de « district des Cordeliers ».
Danton demeurait près du couvent et aussi Chaumette, installé rue
Mazarine, près du palais qu'on appela depuis l'Institut. Ce dernier
était étudiant en médecine, comme nous l'apprend sa signature
conservée sur le texte de la fameuse pétition du Champ-de-Mars.

---

(1) *Révolutions de France et de Brabant* : N° 25.
(2) Petrarca, *Apologia contr. gall.*

Sans doute, son intention était de se livrer à l'étude de l'histoire naturelle, de la botanique, qu'il aimait tant ; mais le moment n'est pas aux fleurs et à la science pure ; c'est la nature humaine qu'il va falloir suivre dans ses plus terribles fluctuations. Dès le début, le jeune étudiant assiste à toutes les séances de son district : là aussi, viennent Camille Desmoulins, Momoro, Fabre d'Eglantine, toute la Révolution dans sa fleur. Hélas ! combien iront jusqu'au bout, jusqu'à la charrette fatale, sans tache à la conscience, sans remords au cœur. Chaumette sera de ceux-là.

Les Cordeliers sont âpres à la lutte. Ils forment la gauche des Jacobins, dit Carlyle. Ils sont quelque chose de mieux : leurs antagonistes. Ils sont avant la Commune du 10 août, les vrais adversaires de Robespierre ; ils seront ses victimes. Ce sont eux, tout d'abord, qui par la grande voix de Danton, combattent l'oligarchie bourgeoise installée à l'Hôtel-de-Ville sous le nom de Commune, qu'elle prostitue et compromet. Le district disparait, devient « section du Théâtre français » et va s'installer ailleurs, de par la loi. Le club demeure ; sous le nom de « Société des amis des droits de l'homme et de la Constitution » ce sont toujours les Cordeliers. Ils continuent de siéger dans la salle d'école des jeunes religieux (1) ; d'ailleurs ces murs monastiques en ont vu bien d'autres ! et les cordeliers étaient prédestinés à cette distinction. Pas de moines plus gaillards et plus batailleurs : deux fois au moins au XIV° siècle, ils se prennent de querelle, en viennent aux mains, s'assomment à coups de missels et de lutrins. En 1401, il fallut envoyer la troupe, et les deux partis, se réunissant contre l'ennemi commun, ne furent enfin réduits qu'après avoir tué et blessé plusieurs soldats (2).

L'ordre ayant été supprimé, comme les autres, l'Hôtel-de-Ville s'avisa d'un moyen, qui réussit souvent et dont l'Empire avait su conserver le secret. En mai 1791, la municipalité fit poser les scellés sur la salle des Cordeliers, déclarée propriété nationale. Puis des agents s'en allèrent partout dans le quartier, menaçant des plus terribles aventures, les propriétaires assez séditieux pour louer leurs immeubles aux fauteurs d'anarchie. Cependant le club put s'installer rue Dauphine dans une salle dite du Musée. C'est là que, peu après la fuite de Louis XVI à Varennes, ses membres indignés rédigèrent une adresse à l'Assemblée nationale pour la suppression de la royauté (3).

---

(1) Et non dans l'église pas plus que dans le réfectoire, subsistant encore et qui sert en ce moment d'asile au *Musée Dupuytren*. M. Victor Cousin le prend à tort pour la chapelle.

(2) Dulaure, Hist. de Paris, Période VII, § 1er.

(3) Hist. parlem. 1791, mai, juin.

On sait ce qu'il advint. L'Assemblée constituante, dominée par les conservateurs, déclara. au mépris de toute justice et de toute bonne foi, que le roi, malgré sa fuite, n'était pas coupable et n'avait pas violé la Constitution. Ainsi, ce prince, parti pour se soustraire, comme il l'avouait, à la tyrannie exercée sur sa personne, et, réellement dans le but d'aller fortifier par sa présence la coalition en train de s'organiser contre la France, ce prince était déclaré innocent par l'Assemblée. Dans Paris entier, l'indignation fut à son comble ; aux Cordeliers — et non aux Jacobins, comme le veut M. Thiers — a lieu dans la soirée même une séance pleine d'enthousiasme et de dignité à la fois. Un arrêté est pris, — c'est Chaumette lui-même qui nous l'apprend, — pour avertir la municipalité qu'on se réunira le lendemain afin de signer la pétition pour la déchéance. Le reçu de l'Hôtel-de-Ville existe encore; il est signé Desmousseaux, 16 juillet 1791 (1). Le rassemblement était donc parfaitement légal et, chose étrange! aucun historien n'insiste sur ce fait. Les auteurs de l'Histoire parlementaire ne le mentionnent que dans un volume postérieur, à l'occasion du procès de Bailly.

Le lendemain, 17 juillet, la population se porte en masse au Champ-de-Mars. L'autel de la Patrie se dressait au milieu. Une pétition très respectueuse dans la forme, y est immédiatement rédigée et se signe à l'envi. Par malheur, — ou par bonheur — dit ironiquement Carlyle, deux individus sont découverts sous l'autel de la Patrie, pris pour des espions, entraînés et massacrés assez loin de là, au Gros-Caillou. Ecoutons Chaumette, qui est là, sur cette place, bientôt ensanglantée. écoutons-le rendant compte dans les Révolutions de Paris, de cette néfaste journée. « Ah ! sans doute, s'écrie-t-il, les acteurs de cette scène horrible sont des brigands infâmes, des monstres dignes du dernier supplice; mais qu'on se garde bien de les confondre avec le peuple. Le vrai peuple n'est point féroce, il est avare du sang et ne verse que celui des tyrans (2).

Mais il faut citer ici le récit de Carlyle, si poignant dans son allure étrange :

« Il suffit. Vers sept heures et demie du soir, l'œil le plus candide est à même de contempler cette chose : le sieur Mottier (Lafayette) avec ses municipaux en écharpe. marchant résolument sur le Champ-de-Mars; le maire Bailly, avec sa face allongée, et, comme réduit à remplir un triste devoir, portant le drapeau rouge. Des cris de colère et de furieuse raillerie partent de cent mille poi-

---

(1) Procès de Bailly, Bulletin du Tribunal révolutionnaire et Hist. parl., 1793.

(2) Révolutions de Paris, n° 106.

trines à la vue de la Loi martiale, qui pourtant, brandissant son drapeau sanguinaire, s'avance, par l'entrée du Gros-Caillou ; s'avance, tambourinant et brandissant son drapeau, vers l'autel de la Patrie. »

La foule reste là, immobile et confiante, n'imaginant pas la possibilité d'un attentat. A la première décharge : « Ne bougeons pas ! s'écrie un citoyen, il faut qu'on vienne ici publier la loi ; on tire à blanc » (1). O candeur ! confiance admirable dans la parole de ces hommes d'ordre, le « sage Lafayette et le doux Bailly ». « Et feu de peloton sur feu de peloton, et le champ de la Fédération est bientôt inondé de sang français, du sang hélas ! des femmes et des enfants ! » (2)

Et cependant, le rassemblement avait été annoncé à la Mairie : de plus la loi martiale n'avait pas été proclamée sur le lieu de son application, mais seulement à l'Hôtel-de-Ville ; ce qui n'empêche pas M. Thiers d'imprimer que « l'emploi de la force, quoi qu'on en ait dit, était juste ». Il est vrai que son récit fourmille d'erreurs et d'inexactitudes, couronnées par l'affirmation, jetée négligemment et en note, que la scène eut lieu le 28 juillet 1791 ! Et c'est son titre d'historien qui en a fait un homme d'Etat !

A quatre-vingts ans de distance, la scène sanglante du Champ-de-Mars se renouvelait sur la place de l'Hôtel-de-Ville. Le 22 janvier 1871 — comme le 17 juillet 1791 — une foule compacte de citoyens pour la plupart sans armes, de femmes, d'enfants se pressait pour demander la déchéance du déplorable gouvernement en train de rendre Paris, par un armistice honteux et prématuré. Tout à coup, sans avertissement, sans sommation, absolument comme au Champ-de-Mars, une horrible décharge retentit, semant la mort et l'épouvante sur cette foule inoffensive. Moi aussi. j'étais là, témoin oculaire comme Chaumette ; moi aussi j'ai vu, autour de moi, couler le sang français, versé par des mains françaises ; j'ai vu fouler aux pieds des vieillards et des femmes ; j'ai entendu leurs cris déchirants, leurs appels désespérés : mon mari ! mon enfant !... Quoi qu'on puisse penser, que l'on juge selon la justice ou selon M. Thiers, l'impartiale histoire dira que Gustave Chaudey, qui commandait à l'Hôtel-de-Ville, fut le Bailly de ce nouveau Champ-de-Mars.

Le massacre du 17 juillet 1791 paralysa, pour un moment, les efforts des patriotes. Mais le mouvement n'était pas de ceux que l'on maîtrise, étant parisien, c'est-à-dire révolutionnaire. En novembre suivant, Lafayette échoue misérablement contre Pétion, nommé

---

(1) Chaumette, in *Révolution de Paris*, loc. cit.
(2) *French Revolution*. Vol. II, ch. 9.

maire de Paris; quant à Bailly, son rôle est désormais terminé.
Manuel est nommé procureur de la Commune avec Danton pour
substitut et Rœderer au département. En juillet 1792, nous retrou-
vons le nom de Chaumette au bas d'une déclaration de sa section,
appelant tous les habitants de la dite section à l'exercice des droits
de citoyen, sans distinction d'actifs ou de passifs; c'est la première
application du suffrage universel, tempéré, d'ailleurs, par l'élection
à deux degrés. Sa signature se voit à côté de celles de Danton et de
Momoro (1).

La révolution du 10 août fut organisée et dirigée tout entière par
les élus des sections. Chaumette était au nombre des commissaires
désignés par la sienne. Ce sont ces commissaires qui, choisis par la
la population parisienne, s'installèrent dans la nuit du 9 au 10 août
à l'Hôtel-de-Ville à la place de l'ancien conseil général, s'adjoigni-
rent les autorités municipales, le maire Pétion, le procureur Manuel,
et organisèrent la révolution qui emporta le trône.

L'insurrection du 10 août était dirigée contre l'Assemblée, réac-
tionnaire en grande partie, non moins que contre la royauté. Aussi,
la nouvelle Commune ainsi constituée n'eut-elle garde de faillir à
son mandat. Mesures d'arrestation et d'élargissement, suspension
des passe-ports, suppression des journaux royalistes, elle pourvoit
à tout, agissant en pouvoir souverain. Quel fut son rôle exact dans
les massacres de septembre? voilà ce que nous n'avons pas à discuter
aujourd'hui; Chaumette n'y prit aucune part, étant absent de Paris
au moment où ils eurent lieu (2). Il avait présidé le Conseil de la
nouvelle Commune dans la soirée même du 10 août.

---

(1) Ici encore, ce sont des Cordeliers, des Hébertistes, oserons-nous dire, qui
prennent l'initiative d'une mesure réclamée par quelques voix isolées, dès
1789. « Pour traiter d'abord ce qui concerne le nombre et la qualité des
électeurs, lit-on dans un document de cette époque, le soussigné penserait que
tous les citoyens sans exception devraient avoir le droit de voter... Combien
n'est-il pas inconséquent et souverainement injuste de la part du Tiers-Etat,
lorsqu'il réclame avec tant de force les droits légitimes qui lui appartiennent,
d'en vouloir priver une partie de lui-même, et la partie la plus nombreuse?
Peut-il y avoir deux mesures, une entre les privilégiés et les propriétaires rotu-
riers, l'autre entre ces propriétaires et ceux qui ne le sont pas? N'est-ce pas
établir dans la nation un *nouvel ordre* dans le temps même où l'on se plaint
avec tant de raison des abus attachés à la distinction des trois qui subsistent? »
(*Mémoires à consulter et consultations sur les Etats du Velay, du Languedoc
et du Royaume*. Délibéré à Paris, le 13 janvier 1789. Dans la collection dite
Bibliothèque historique de la Révolution, vol. XVIII. au *British museum* à
Londres). Et c'est encore un Hébertiste, Anacharsis Clootz, qui s'écrie après
le 10 août : « Les bornes qui séparaient les prolétaires des citoyens actifs
disparaissent avec les barrières du Louvre... Des législateurs scolastiques, des
esclaves courtisans soutenaient qu'il fallait avoir des propriétés locales pour
aimer la patrie. Plus on est pauvre et mieux on sait apprécier les droits de
l'homme. » (Voy. G. Avenel, *Anacharsis Clootz*, tom. 1er, p. 403, 1865).

(2) Adresse à mes concitoyens, *loc. cit.*

La situation des autorités municipales fut régularisée au mois de décembre suivant : un nommé Chambon, Girondin, nommé maire de Paris, fut remplacé par Pache, en février 1793. Chaumette avait été élu Procureur de la Commune par 5,000 voix sur 7,000, avec Hébert et Réal comme substituts ; Luillier devint procureur-syndic du département.

C'est encore, comme on le sait, cette glorieuse Commune du 10 août qui organisa contre le côté droit de la Convention, l'insurrection du 31 mai ; ses pouvoirs avaient été renouvelés pour la circonstance. Ce jour-là, une fois de plus, Paris et sa Commune sauvèrent la France et la Révolution entraînées vers l'abime par les indécisions, les faiblesses et l'irrémédiable incapacité politique des Girondins. Dès lors, la voie est libre, et il semble que la République n'ait plus qu'à marcher de l'avant, débarrassée des intrigants et des factieux.

III

Un homme en avait décidé autrement. Ç'a été, c'est encore le malheur de la France, de s'éprendre de toute individualité habile à s'abaisser au niveau de l'opinion vulgaire et à entrer de plain pied dans les passions et les préjugés du plus grand nombre. Ne parlez pas à la masse routinière d'un Clootz, d'un Chaumette qui lui prêchent les maximes de la Science et de la Raison, d'un Hébert qui les met à la portée de tous. Si elle les écoute un instant, ce n'est que prise à l'improviste ; vite, elle retourne au premier charlatan qui sait exploiter avec persévérance son ignorance et sa bonne foi « La saine philosophie gagne tous les jours du terrain depuis Archangel jusqu'à Cadix, écrit Voltaire à Diderot ; mais nos ennemis ont toujours pour eux la rosée du ciel, la graisse de la terre, la mitre, le coffre-fort et la canaille » (1). Parole profonde, et qui ne s'est jamais plus cruellement vérifiée que sous la Convention. Et le plus désolant, c'est que l'homme qui se chargea de ruiner la philosophie et la Révolution, est encore considéré comme un des leurs par un certain nombre de démocrates, au lieu d'être définitivement rejeté dans le camp de la Bourgeoisie dont il relève au premier chef : j'ai nommé Robespierre.

Louis Blanc, épris d'une malheureuse passion pour cette « idole inféconde et farouche », essaie de justifier son héros, en affirmant que s'il eût vécu de nos jours, il eût été panthéiste (?). « Mais la Révolution, ajoute t-il, ne fut socialiste que par ses aspirations :

____

(1) *Lettre du 14 auguste 1776.*

comment aurait-elle été panthéiste? » Pour cet auteur, et on n'a jamais pu savoir pourquoi, « athéisme » est synonyme d'anarchie et d'invidualisme, « déisme » de socialisme et de solidarité! Cette théorie suffit pour nous édifier sur la valeur de ses appréciations touchant le XVIIIe siècle et l'Encyclopédie. M. Hamel, autre apologiste de « l'Incorruptible », se fâche tout rouge contre les Proudhoniens accusés de méconnaître Robespierre. M. Hamel est trop exclusif; il eût dû englober dans sa malédiction tous les vrais révolutionnaires, tous ceux qui ont pris pour devise : La Science comme base et le bonheur commun pour but.

En réalité, on voit se dessiner deux tendances très nettes et complétement distinctes dans le XVIIIe siècle. Tandis qu'un large courant l'emporte vers la Révolution et vers la Libre-pensée, un effort violent, sous l'influence de l'auteur d'*Emile*, se produit en sens contraire. Rousseau est l'adversaire acharné de la saine philosophie, l'ennemi irréconciliable de Voltaire et de Diderot : quand la religion est abattue, il la relève avec son *Vicaire savoyard*; quand l'Athéisme va triompher, il en fait un crime qu'il punit de mort! Parlant dans son *Contrat social*, d'une religion civile indispensable, selon lui, à l'Etat, et comprenant au moins la croyance à l'existence de Dieu, à l'immortalité de l'âme, aux récompenses et aux châtiments de l'autre vie, etc. : *Que si quelqu'un*, dit-il, *après avoir reconnu publiquement ces mêmes dogmes, se conduit comme ne les croyant pas, qu'il soit puni de mort.* (1) » Robespierre, disciple parfait de Jean-Jacques, devait se charger d'accomplir le loi du maître, avec cette précision, avec cette persistance dans la cruauté froide et systématique qui est le propre du déiste.

Dans la Commune de Paris, au contraire, s'incarna le véritable esprit de la Révolution, celui de l'Encyclopédie. Chaumette est l'âme de ce grand mouvement. Nourri des substantielles discussions des Cordeliers, fortifié par sa collaboration avec Sylvain Maréchal, Momoro et autres, aux *Révolutions de Paris*, il avait 29 ans lorsque le suffrage populaire l'éleva à la première magistrature parisienne, le Procureur de la Commune ayant autant de prestige et plus d'autorité que le maire. Tandis que la Convention s'occupe de l'extérieur et surtout de ses dissensions intestines, la Commune, sous l'influence de Chaumette, décrète chaque jour des mesures à la hauteur des plus belles inspirations de la philantropie du XVIIIe siècle. Certes, elles durent se réjouir, les ombres de Voltaire, de Diderot, de d'Holbach en voyant sitôt réalisés les vœux de leurs cœurs sensibles et généreux. Grâce à la Commune, les malades dans les hôpitaux seront désormais isolés (on en mettait jusqu'à *six* dans un lit). Les enfants,

---

(1) J.-J. Rousseau, *Le Contrat social*, liv. IV, ch. 8.

détenus pour correction seront séparés des autres prisonniers. Les filles de mauvaise vie sont proscrites de la voie publique, mais les filles-mères sont réhabilitées, etc.

Puis ces hommes, traités de barbares et de vandales, montrent qu'à l'encontre de l'apôtre de la vie sauvage, ils regardent les sciences et les arts comme contribuant au bonheur et au perfectionnement de l'humanité. La Commune fait placer une garde au musée du Louvre, décrète la formation d'une bibliothèque dans son sein, arrête la fermeture du théâtre de la Montansier qui pourrait causer l'incendie de la bibliothèque nationale située en face (1). Chaumette avec Hébert, prend directement sous sa surveillance le théâtre de l'Opéra. Un arrêté du 17 septembre 1793 porte que la Commune encouragera l'Opéra qui doit acquérir un nouveau lustre et prospérer pour la Révolution. C'est lui encore qui fait décréter la création du Conservatoire de musique, où le vieux Gossec composera des hymnes nouveaux à la Liberté et à la Raison : toutes mesures portées à l'actif de la Convention, tandis que l'honneur et l'initiative en reviennent à la Commune de Paris.

Que ni Robespierre ni la Convention n'aient été socialistes, c'est là une vérité qui ne peut être contestée. Voyez au contraire les Hébertistes et leurs journaux ! qu'est-ce que cette loi agraire, proposée par Momoro, appuyée par Chaumette, pour le partage des biens du clergé, sinon un premier pas vers le régime du Collectivisme? « Je vois, s'écrie Hébert, la république telle qu'elle sera. Les sans-culottes ne font plus qu'une seule famille : ils ne connaissent plus que la sainte égalité. Les talents, les vertus sont récompensés ; la vieillesse est honorée. On ne voit plus de riches insolents, mais aussi la misère a disparu. Le faible est protégé, l'infirme secouru et servi par ses frères. Plus de haines, plus de procès, tous les citoyens respectent les lois. Il n'est plus de culte que celui de la Raison (2). »

C'est qu'en effet, par une intuition de génie, Chaumette avait compris que la Révolution ne pouvait se fonder uniquement sur la négation du passé. Sur son initiative la Commune arrête que le 20 Brumaire an II (10 novembre 1793), une fête sera célébrée en l'honneur de la Raison; et elle aura lieu, non pas au Lycée des arts ou à l'Opéra, comme on l'avait d'abord projeté, mais dans l'église métropolitaine, à Notre-Dame, « au lieu et place du culte supprimé et sur son autel même ». Je n'ai pas à décrire ici cette inoubliable cérémonie. Mais quelle journée que celle où, symbo-

---

(1) Le père *Duchesne* (cité par Tridon, les *Hébertistes*, p. 45).

(2) Voyez les *Révolutions de Paris* et le *Journal de Paris* (de brumaire an II).

lisant la délivrance de notre race martyrisée pendant quinze siècles par le Sémitisme chrétien, la Révolution parut sous les traits charmants d'une jeune femme, dans le « sanctuaire » désormais purifié. Vêtue du pallium antique et une lance à la main, comme Athéné Promachos debout sur l'Acropole, l'entendez-vous crier aux quatre coins du monde, aux peuples opprimés : — « Réveillez-vous, Lazares endormis dans vos tombeaux, penseurs torturés par tous les bourreaux, prolétaires foulés aux pieds, travailleurs courbés dans la sueur et dans le sang! Assez de sacrifices, assez de victimes, assez de misère et d'humiliation! La terre est à vous, venez la prendre ; le soleil vous sourit, venez vivre; le bonheur vous attend, venez jouir! »

Oui, cette fête incomparable marqua certainement l'apogée de la Révolution qui, ce jour-là, quoi qu'en puisse penser M. Quinet, résolut, de la façon la plus nette et la plus radicale, la question religieuse. Avec une pleine et claire entente des choses, Chaumette put s'écrier justement, l'instant d'après, à la barre de la Convention : « Législateurs! le fanatisme a lâché prise, ses yeux louches n'ont pu soutenir l'éclat de la lumière. Aujourd'hui, un peuple immense s'est porté sous ces voûtes gothiques qui, pour la première fois, ont servi d'asile à la vérité. Là nous avons abandonné des idoles inanimées pour la Raison, pour cette image animée, chef d'œuvre de la Nature. »

Mais quoi! s'est-on écrié sottement, c'était remplacer un culte par un autre (1). Oui! le culte de la mort par celui de la vie! « La fête de la Raison, dit A. Comte, que l'on n'accusera pas de légèreté, fut un éclair dans l'histoire de l'humanité. » Désormais les aspirations des philosophes étaient fixées : c'était bien le type humain, l'homme, et non pas une divinité chimérique qui était désigné, non à l'adoration, mais à l'attention universelle. Assurément, on ne saurait trop le répéter : à une société nouvelle, il faut une base nouvelle, un point de ralliement, *relligio*. L'Athéisme, dit-on. n'est qu'une négation. D'accord! mais derrière l'Athéisme qui fait la place nette, se dresse dans sa toute-puissance, la mère féconde et sacrée, *Alma Mater*, la Science, ce couronnement de la Raison. Elle seule suffit, quoi qu'on dise, à fournir la synthèse de la société régénérée : elle est le ter-

---

(1) C'est le cri poussé tout d'abord par Robespierre, et répété depuis avec joie et conviction par tous les réactionnaires et par l'étonnante école des démocrates néo-catholiques d'une part; de l'autre, avec une inconscience d'autant plus désolante qu'elle est plus complète, par l'immense troupeau des moutons de Panurge. De même pour la qualification de « mascarade » appliquée par les mêmes gens à cette imposante cérémonie, à la suite de laquelle « Robespierre, dit M. Hamel, quitta l'assemblée de dégoût » (*Histoire de Robespierre*, t. III, p. 220).

rain solide sur lequel les générations futures élèveront à l'Humanité un temple impérissable, avec cette inscription tracée par Robert Owen :

La vraie religion, c'est la Vérité

On sait comment échoua la tentative du parti philosophique de la Révolution. Les historiens royalistes et robespierristes ont beaucoup insisté sur les prétendues « orgies » auxquelles donnèrent lieu les fêtes nouvelles. M. de Sybel, dont on aurait pu attendre plus d'exactitude, a reproduit toutes ces calomnies avec un sans-façon qui décèle sa parfaite ignorance de la matière. Le caractère bien connu de Chaumette, l'importance qu'il attachait naturellement à ces manifestations, permettent d'affirmer qu'il ne les eût pas laissé dégénérer en farces scandaleuses. Bien plus, les partisans des fêtes nouvelles recommandent expressément, dans leurs journaux, à ceux qui voudraient les célébrer dans d'autres villes, de choisir « pour remplir un rôle si auguste, des personnes dont le caractère rend la beauté respectable, dont la sévérité de mœurs et de regards repousse la licence et remplisse les cœurs de sentiments honnêtes et purs (1). »

Le fait est que Robespierre, quelques jours après la fête de Notre-Dame, tonnait à la Convention et aux Jacobins contre les novateurs en prenant pour prétexte la liberté des cultes, nullement menacée d'ailleurs. Il déclarait l'Athéisme aristocratique et ressassait les vieilles et banales litanies sur « la bonté de la Providence » et la « Vengeance céleste » (2). M. Michelet a mille fois raison de dire que ce déiste sinistre, mais conséquent, fut pris, comme tous les tyrans, de la haine de l'idée. Je n'en voudrais pour preuve que cette fête barbare, dite de l'Être suprême, et toute pleine de parfums, d'autodafés où, de sa propre main, il mit le feu au mannequin représentant « le monstre de l'athéisme. »

Quatre mois après le triomphe éphémère de la Raison, ses apôtres montaient sur l'échafaud dressé de longue main par leur implacable adversaire. Quelques paroles imprudentes contre les comités, prononcées aux Cordeliers, fournirent l'occasion d'arrêter Hébert, Momoro et autres : l'orateur du genre humain, le grand, l'excellent Anacharsis Clootz les avait précédés dans la prison. Le 4 germinal an II, ils étaient condamnés à mort et guillotinés.

Mais Chaumette, tout entier à ses fonctions de Procureur de la Commune, ne fréquentait plus les Cordeliers ; on ne put l'englober dans la prétendue conspiration. C'est ici que se révèle avec toute sa

---

(1) Voyez Michelet. Révolution française, t. V, p. 430.
(2) Séance des jacobins du 5 frimaire, an II.

netteté, le caractère essentiellement théologique de l'extermination des Hébertistes.

Le 11 germinal, Saint-Just, le trop complaisant secrétaire de Robespierre, montait à la tribune et lisait son rapport contre Danton et contre les autres victimes désignées, parmi lesquelles il avait le soin de comprendre Chaumette. « On attaqua, s'écriait-il, l'immortalité de l'âme qui consola Socrate mourant. On prétendait plaire en s'efforçant d'ériger l'athéisme en un culte plus intolérant que la superstition » (1). Quelques jours après, le procureur de la Commune comparaissait devant le tribunal révolutionnaire : « La complicité de Chaumette avec les cordeliers conspirateurs, articula l'accusateur public, se trouve prouvée par cette coalition entre lui, Gobel, Clootz, Hébert et consorts pour effacer toute idée de la divinité et fonder le gouvernement français sur l'athéisme » (2). On le voit, c'était l'Inquisition : Torquemada n'aurait pas su mieux dire.

La contenance de Chaumette devant les juges fut aussi ferme et aussi digne qu'on pouvait l'attendre d'un disciple de la Raison. Ce fils d'un ouvrier de la Nièvre, fut certainement le révolutionnaire le plus éclairé, le plus au courant du grand mouvement social et philosophique inauguré par la Renaissance. » Il était riche de son propre fonds, dit le royaliste Jaganel; je l'ai vu à la barre, s'humiliant devant la puissance de la Convention, s'attendrissant sur le tableau tracé par lui-même des misères du peuple, soutenant le crédit de l'autorité municipale par une éloquente exagération de ses travaux et de ses sollicitudes, se promettant, tribun séditieux, d'opposer bientôt le peuple à la Convention..... Chaumette était passionné jusqu'au délire pour ce qu'il nommait liberté. A ce mot, il avait le geste et le langage d'un inspiré... Il professa une austérité de mœurs qui aurait honoré la vertu la plus pure : la simplicité, la modestie, une gravité décente, composaient son extérieur ». Le philosophe Anaxagoras, comme il s'était baptisé luimême, du nom d'un impie de l'antiquité, n'avait alors que 31 ans ; son œil noir, ses longs cheveux, sa démarche digne et posée lui donnaient l'air d'un pasteur et, en vérité, il était l'apôtre d'une foi nouvelle; il allait en être le martyr. « Je ne crains pas le sort qui m'est réservé, dit-il au tribunal, ma justification est dans le temps ». Et comme on le chargeait de certaines accusations ignobles, de vol ou de malversation, comme les « hommes d'ordre » savent toujours en inventer pour salir leurs victimes, non contents de les assassiner : « Ces inculpations, répliqua-t-il, sont trop

---

(1) Voyez le *Moniteur* de germinal an II.

(2) *Procès de Chaumette et autres*, in *Histoire parlementaire* de Buchez et Roux, t. 32.

au-dessous de moi et de mon caractère pour que j'entreprenne d'y répondre, c'est à la saine portion du peuple à me juger. J'ai fait ce que j'ai cru bon et *je m'aime assez pour n'en pas rendre d'autre compte.* »

Le 24 germinal an II, la tête de ce juste roula sur l'échafaud avec celles de dix-sept autres victimes. De ce nombre étaient la veuve d'Hébert, ex-religieuse, pleine de beauté, de charme et d'intelligence et celle de Camille Desmoulins, la douce et infortunée Lucile, assassinée à 23 ans. Robespierre n'oubliait pas les femmes : il était réservé à ses continuateurs d'aller jusqu'aux enfants. Avec la loi de prairial on allait en voir bien d'autres.

« Dieux, prêtres et rois sont parents, dit éloquemment Gustave Tridon. Qu'y a-t-il entre Robespierre et Hildebrand ? une simple formule. — Entre Robespierre et Chaumette ? un abîme. Napoléon lui trouvait de la suite ; et son coup d'état de germinal, ses velléités religieuses, lui recruteront longtemps encore des admirateurs et des dévots (1). » Quant à la Commune de Paris, son rôle est désormais terminé ; avec Payan et ses acolytes, elle n'est plus que l'humble servante du tyran (2).

Ainsi fut arrêté dans son suprême élan, — du moins en France — le mouvement qui, après trois siècles d'efforts et de combats, allait affranchir le monde. En vain, l'Humanité, soulevant peu à peu la pierre sépulcrale sous laquelle le Sémitisme chrétien avait tenté de l'écraser, apparaissait enfin délivrée, toute radieuse et toute triomphante, et criant déjà dans sa gloire, — et avec combien plus de raison que les imposteurs et les faux prophètes : — « Je suis la Résurrection et la Vie ! » — Une nouvelle incarnation de Jéhovah, l'éternel Dieu des colères et des massacres, s'élevait encore une fois de l'abîme et la replongeait tout ensanglantée dans le tombeau...

Robespierre a désormais le champ libre ; de la terreur, qui était

---

(1) *Les Hébertistes,* p. 35.

(2) La conduite de Danton dans cette affaire des Hébertistes sera un éternel sujet de regret pour les admirateurs du grand patriote. « L'homme d'Etat de 93, confesse son éloquent et infatigable panégyriste, subit ici comme l'Assemblée, la fatalité du moment ; ne voyant plus assez loin ni d'assez haut, il ne put surmonter la domination sophistique de Rousseau et sacrifia aux exigences du comité, à des combinaisons et à des représailles de parti, la question si grave de la tentative de rénovation spirituelle de l'an II... Sans le prévoir et sans le vouloir, Danton rendit possible l'immolation de la Commune, l'arrêt du mouvement révolutionnaire, sa propre chute et la tyrannie de Robespierre. Jusque-là moteur principal de la Révolution, il s'arrêta le jour même où il monta à la tribune pour soutenir le Comité de salut public et l'Être suprême contre la Commune et contre la nouvelle déesse (26 décembre 1793) ». (D' Robinet : *Le procès des dantonistes, d'après les documents, précédé d'une introduction historique.* Paris, Leroux, 1879, p. 88.)

un moyen terrible, mais nécessaire, il fait un système d'autant plus odieux qu'il est plus inutile (1). Logique de déiste et d'incorruptible. La voie est désormais frayée pour Bonaparte : la fête de l'Être suprême est le prélude du Concordat. La patrie de Voltaire est livrée pour près d'un siècle, à la prêtraille et à l'éclectisme.

Aussi, quand sonna l'heure de la revanche, dans cette France épuisée et abrutie — non pas seulement par vingt ans d'Empire, mais par soixante-dix ans de sémitisme chrétien ou juif, de corruption bourgeoise et de monarchie — pour la seconde fois, les hommes manquèrent aux événements. La tête s'agita seule un instant, galvanisée par quelques énergies individuelles, mais le corps inerte et paralysé retomba lourdement, entraînant dans sa chute les parties encore vivantes.

> .... jacet ingens littore truncus,
> Avulsumque humeris caput, et sine nomine corpus,

Pour la seconde fois victorieuse de la Commune et de Paris, la meute bourgeoise et déiste s'acharne sur ce cadavre encore chaud, fouillant la poitrine ouverte pour en arracher, avec le cœur, jusqu'aux derniers vestiges de mouvement et de vie.

Les paroles de l'Hébertiste Rousin ne se sont pas réalisées : l'avenir n'a pas vengé ses compagnons, et le sceptre est plus que jamais, hélas ! — « à la mitre, au coffre-fort, au glaive et à la canaille » (1).

---

(1) « L'esprit antique de l'extermination reparait avec le triomphe du spiritualisme et la dictature des Comités. La loi de prairial, ce manuel des inquisiteurs, est un hymne à l'Eternel. Plus de jugements, plus de défenseurs, une seule peine égale pour tous les délits, fatale comme un arrêt de Rhadamante ou de Dracon : la mort. Ils ne voyaient pas, les misérables, que frapper l'avenir après avoir frappé le passé, c'était parquer la Révolution entre deux échafauds, la pousser dans une impasse au bout de laquelle était le suicide. Le pontife Robespierre continua jusqu'au bout à dire la messe rouge, son Rousseau à la main ; il répandit le sang de ses ennemis et de ses compagnons jusqu'à ce que cette marée pourpre montât jusqu'à lui et l'emportât. Non ! ces effroyables massacres ne figurent pas à l'actif de la Révolution : *tout supplice postérieur au 4 germinal appartient à Dieu.* » (G. Tridon, *La Force*, p. 10, 1869, à la librairie de la *Revue socialiste*).

(2) Décembre 1871.

Paris. — Typ. A. DAVY, 52, rue Madame.